我是农民工系列丛书

无私大爱——郜艳敏

她是电影《嫁给大山的女人》的女主角的原型，

她是河北一所乡村小学的代课老师，

她当选"感动河北十大人物"

她就是本书的主角——郜艳敏

贵州出版集团

贵州教育出版社

图书在版编目(CIP)数据

无私大爱——郜艳敏/何光渝编著;葛贵勇,袁良印绘.－贵阳:贵州教育出版社,2010.12
(我是农民工系列丛书)
ISBN 978－7－5456－0181－7

Ⅰ.①无… Ⅱ.①何… ②葛… ③袁… Ⅲ.①郜艳敏－生平事迹 Ⅳ.①K825.46

中国版本图书馆CIP数据核字(2010)第246017号

无私大爱——郜艳敏

何光渝 编著 葛贵勇 袁良印 绘

出版发行	贵州出版集团
	贵州教育出版社
地　　址	贵阳市黄山冲路18号A栋
	(电话 0851－8654672 邮编 550004)
印　　刷	贵州捷美达彩色印务有限公司
开　　本	850mm×1168mm 1/32
印张字数	2.375印张 90千字
版次印次	2010年12月第1版 2011年1月第1次印刷
书　　号	ISBN 978－7－5456－0181－7/K·52　定价:9.80元

如发现印、装质量问题,影响阅读,请与印刷厂联系调换。
厂址:贵阳市黄山冲路2号 电话:6774809 邮编:550004

《我是农民工》系列丛书

编委会

策　　　划：段小鸽　　白芳芹
编委会主任：郎劲松　　杨茂林　　卓守忠
执 行 主 编：何光渝　　朱　桦
编　　　委：李铁流　　张　艺　　甘畅颖
　　　　　　吴应熙　　谢　红　　李　想
　　　　　　苏　姝　　吴　芊　　王小海

我是**农民工**系列丛书

目 录

一、噩梦开始……………………（1）

二、以德报怨……………………（14）

三、走上讲台……………………（34）

四、不离不弃……………………（44）

五、感动河北……………………（59）

一、噩梦开始

郜艳敏一生的命运,完全改变于1994年的农历五月初的一天。

端午节快到了,正是老家一年的麦收时节。郜艳敏是个孝顺的姑娘,她知道这个时候家里缺劳力,抢季节收麦子耽误不得,就特意向厂里请了假,回家去收麦。

那时候,她正在河北蠡县一家毛线厂打工。其实,她真的是很不愿意出来打工的。1993年秋天,郜艳敏初中毕业,已经考上了河南襄城县的第一高级中学。但是,家里太穷,务农的父母亲,哪里拿得出钱来同时供3个孩子上学?她是老大,下面还有两个弟弟,郜艳敏不忍心再让父母为难,含着眼泪主动退学。为了挣钱帮助家里,她来到蠡县打工。那一年,她18岁。

邰艳敏的家,在河南省襄城县双庙乡化行村。在蠡县上了火车之后,邰艳敏的心变得急切起来,恨不得马上就能到家,见到父亲母亲和两个弟弟。毕竟出门打工快一年了,不知家里怎么样,家人还好吗?

从蠡县乘火车回家,要在石家庄转车。到了石家庄,邰艳敏急忙出月台,赶到火车站售票大厅里。她希望尽早买到开往许昌方向的火车票——到了许昌,离家就不远了!

大厅里,人来人往,到处只见人头攒动,嗡嗡作响。买票的人密密麻麻,排成长队。邰艳敏好不容易找到卖郑州、许昌方向车票的窗口,老老实实地排到长队的末尾。眼看天色渐晚,她心里十分焦急、烦躁,不知道还要等多少时间,自己才能挨到那个窗口。

这时,她发现,身后又排上了两个女人,年纪看起来比她大,正在很注意地打量着她。

这位妹妹,买火车票回家啊?

是的。是回家。

我们是四川的,在唐县那儿打工……妹子哪里人呀?回家吧?

河南襄城的。

没听说过。也是往郑州方向？巧了！我们回四川，还可以作个伴，坐同一趟车，同一段路哩……妹妹这样小的年纪，也是出来打工的？恐怕是想家了吧……妹子是在哪里打工啊……

听见这么絮絮叨叨的问长问短，郜艳敏对这两个素

不相识、主动又热情的女人产生了好感，便把自己的情况也简单地说了说。

两位姐姐，也是回去探家？

妹子，跟你说实话吧！我们这次回四川，就是去老家招一批女工。厂里要扩大生产，人手不够了，老板挺着急的，急用人嘛！妹子，想不想去我们厂子里面干？工资待遇没说

的，一个月1000多……我看我们姐妹蛮投缘的，想去，姐就带你过去瞧瞧……

谢谢两位姐姐！郜艳敏一心想回家，便摇了摇头。

两个女人与郜艳敏就这么排着队，有一句无一句地闲聊着。

长长的购票队伍，仿佛始终没有前移的迹象。人还是那样的多，那样的拥挤，乱糟糟的。

两个女人在大声嘀咕着。今天人挺多的，还不知道能不能买得上票……咋这么多人呢？看来今天是没指望了……哟，天都快黑了，得赶紧找个地方住一晚，明天一大早再来排队……

郜艳敏听她们这么一叨叨，心里可就没底了。两个好姐姐，那咋办呢？

傻妹子，先找个旅馆住下，明天起个大早排个第一名，还愁买不上？

这人生地不熟的，上哪儿找住处啊？

唉！跟着姐不就得了吗？谁让我们这么有缘分呢！

郜艳敏想，这也是个办法，一个人出门在外，有人关照，互相照顾一下，也好。

于是，她急忙拎起自己的两个小包，跟着两个女人，走出了火车站。

邰艳敏跟着她俩,走啊走,走了很久,绕来绕去,总也到不了她们说的可以落脚的地方。她心里有点奇怪,怎么越走越僻静,越不像有旅馆的地方。这不,眼前就是一大片苹果树,附近不见人影,周围也没有什么人家——好像有点不对劲!正怀疑着,那两个姐姐哼哼唧唧地一面叫累,一面坐到了地上。

妹子,累死了!坐这儿歇口气再走吧……

两位姐姐,这旅馆在哪儿呢?怎么不像是个有店儿的地方呀?

嗨,就快到了……前面就是……

不一会儿工夫,不知从哪儿钻出来3个男子汉。两个女人一见,就迎上前去打招呼。然后,几个人就站在不远

处,嘀嘀咕咕地轻声说话,还比手划脚地争论着,不时还朝着郜艳敏看看。

郜艳敏坐着,听不清他们在说些什么,但看那模样,好像与自己有点关系。是什么呢?

正猜疑着,就听见其中一个男人朝两个姐姐一挥手说,行啦,就这样了,你们两个可以走了!这个姑娘就交给我们啦!

那两个女人走到郜艳敏身边。

两位姐姐,我们还要去哪儿?

可是,她们一句话也不说,突然一人拎起郜艳敏的一个包,撒腿就跑。

看见自己的包被拎跑了,郜艳敏急了,跳起身来,一面大喊,姐姐你们干嘛?干嘛拎了我的包?干嘛跑啊不管我了……

那3个男人围了上来,一把拽住郜艳敏。

你往哪儿跑?

我的包!那两个姐姐抢了我的包!

哈哈哈!还姐姐呢!你不要瞎叫唤她们了,她们才不会管你呐——她俩已经把你卖给我们了!我们要的是你,不是她们!

什么?!卖给你们——

没错！你现在是我们的人了！是我们花钱买下来的！

郜艳敏一听，脑子里"轰"的一声，一片空白。她以前也曾听人说起过坏人拐卖女人小孩的事情，但她不敢相信这就是事实，而且此刻就发生在自己身上。

她突然一下子撒腿就跑。

可是，没跑两步，就被猛扑上来的3个男人老鹰捉小鸡一样逮住了。

她张口大喊"救命——"，可立刻被一只大手死死地卡住了脖子，发不出一点声音。

这时，一把明晃晃的尖刀抵在了郜艳敏的胸前。臭丫头，老实点！你要再敢跑，再敢喊，老子就一刀子捅死你！

看见那个男人眼里杀气腾腾的凶光，郜艳敏吓得一下子瘫软在地上。她哭着喊着，扯着那个男人的裤脚……大叔，你放过我吧，求求你放了我吧！我家还有爸爸妈妈，还有弟弟……我想回家……求求你……

放了你？哈哈，你是我们哥儿几个花钱买的，还指望能把你这臭丫头卖个好价钱呢！放你？做梦！你说，是想活，还是想死？想活，想想你的老娘，你就得听话，老实跟我们走，就必须让老子把买你的钱赚回来。要是想死，那简单，老子现在就把你一刀捅了，扔在沟里喂野狗！家里人也不知道你的死活……

郜艳敏此时才明白，自己已经落到了人贩子的魔爪里。在火车站认识的那两个女人，哪里是什么"姐姐"，其实就是两个女人贩子，自己已经被她俩转卖给了这3个凶神恶煞的男人贩子！

这时，只见3个男人变戏法般推出了3辆自行车。他们叫郜艳敏坐在其中一辆的后座上，前一辆、后一辆把她挟持在中间，就蹬车上了路。

一路上，尽是少有行人的小路。前后两辆车两个人死死地盯着。郜艳敏不知道这伙人要把自己带往何处，浑身禁不住哆嗦。

前座上那个人贩子扭头吼道，你坐在后座上一个劲儿动什么啊动！是不是又想挨打了？

我害怕，发抖……

郜艳敏这时真的恨死了那两个女人，也恨自己怎么就那么轻易相信了那两个骗子，还抢走了自己辛苦打工挣来的钱……

忽然，她想起自己身上还藏有50元钱，是放在外面备用的，可别再让这几个人贩子发现了抢走。于是，她趁前后的两人没注意时，从贴身口袋里取出钱来，把它藏到鞋底。

前座上那个人贩子又吼了起来,臭丫头你一个劲儿动什么动!找死啊?

就这样,也不知走了多少路,到了什么地方。在一个僻静的山沟沟里,他们停了下来。

不多久,来了两个男人,与他们又是嘀嘀咕咕地说了好一会儿。

然后,那刚来的两个男人走了过来,抓住郜艳敏,不由分说地威胁道,老实点,跟我们走!

郜艳敏心里明白,自己又被那3个家伙转手卖给了这两个人贩子!

郜艳敏被他们挟持着,跌跌撞撞地走了很久,到了一处偏僻的荒郊野外。那里,只有一间小破屋,周围不见房屋和人烟。

进了小屋,里面连窗户都没有一个,漆黑一片。

人贩子吼道,你别乱动,给我老实呆着!

说着,有人点亮了蜡烛。

趁着亮光,郜艳敏看见,这黑屋子里面空空荡荡的,除了靠墙角的一张破床外,什么也没有。再一看那床,郜艳敏吓得浑身发抖——

那脏兮兮的床单被盖上,到处都是斑斑血迹!

她扑通一声,晕倒在地……

当她醒过来时,只见那两个人贩子正朝着自己嘻牙咧嘴地狞笑。

臭丫头,吓死了吧?这是血,是咱卖出去的女人留下来的……咱有个规矩,女人到了咱这个屋里,咱都要玩两天,玩过了才出手……

郜艳敏一下子就跪下了,哭着央求,大叔,你放了我吧!你肯定也是有孩子的人,我和你孩子也差不多年纪吧!……求求你别……

苦苦的哀求,只换来一阵狼嚎般的狂笑……

郜艳敏这时明白,自己落入了完全没有人性、禽兽不如的人贩子手中!

那是一间没有一丝光亮的黑屋!那是一个生不如死的日子!那是一种坠入十八层地狱般的煎熬……

一天,小黑屋的门打开了。那两个天杀的恶魔带来了一个老头,指着郜艳敏说,看看,"货"在这里,看上了你要,看不上不要。一句话……

老头走上前来,打量着郜艳敏,想了想,点点头说,好是好,就是……能不能减点钱,我……

不行!一口价,2700,少一个子儿都不行!这个丫头,还怕找不着买家?

那老头急忙说,我不是这个意思……这钱我还得去凑凑,能不能等我两天?

郜艳敏听老头这么一说,知道这两个恶魔人贩子是要把她卖到这个老头家,她一心只想早早地离开这个可怕的小黑屋,别的什么后果也不再考虑。她"扑通"一下跪在那个老头面前——

大伯,求求你快点把我买出去!求求你,快点带我离开这间屋子!离开这个地方……

两个人贩子在一旁"嘿嘿"地冷笑着。看看,看看,老头,这丫头都等不及啦!赶快回去筹钱吧!听着,老子们等你到明天早上,过时不候!多好的"货",不要可惜了!过了这个村,就没有这家店啰,哈哈……

老头连声说,好好好!我立马去筹钱!等着我……

老头走了。两个恶鬼又朝着邰艳敏逼了过来……

这是邰艳敏一生中最为漫长、盼不到头的一天!

没想到,那个老头当天晚上就赶了过来。

他从布包里掏出一扎钱来,递给其中一个人贩子。那恶鬼蘸着口水,咧着嘴数钞票。

咳,咳!——这才2600,还少100块钱哩!

老头说,我就只有这些钱了。就让了这100吧!

不行!说好了的,少一个子儿,老头你就甭想带走人!补上!

郜艳敏站在在小门后面,偷听着门外的交易,可吓坏了。她从小黑屋子里奔出来,"扑通"一声跪在那老头的面前。大伯,我这里还有50块钱呢,是我藏的,在鞋底。要不我把这钱给你,你一定要现在就把我买走,求求你了……

老头悄声说,孩子,你怎么能够花钱买你自己啊?钱我是带够了的……

老头转过身去,再去与人贩子讨价还价。他们再三争执,最终,老头还是补上了100元钱。

直到这时,那恶鬼般的人贩子才走过来,把捆着郜艳敏双手的绳索解开。丫头,上老头家过好日子去吧!

老头拉起郜艳敏说,孩子,这就跟我走吧,到我家去……我家姓刘。

那天,是1994年的端午节……

二、以德报怨

郜艳敏跟着刘老汉,来到了一个小山村。

后来她才知道,这里叫下岸村,是河北省曲阳县灵山镇最北面的一个村子,窝在太行山的深处。全村只有40多户村民,200多口人。由于常年干旱缺水,种下的庄稼经常颗粒无收。贫瘠坚硬的石头山上,只长着稀疏的荒草,村民们祖祖辈辈都靠放羊为生,过着几乎与世隔绝的生活。这里不通电,晚上靠煤油灯照亮;不通公路,通向外面的惟一通道,就只是一条羊肠小路。因为十分贫穷,村里的姑娘留不住,纷纷嫁到了山外;外面的姑娘谁也不愿意嫁进来,村里的男光棍成了堆。为了传宗接代,村里人再穷再苦,但凡

能稍微想出点办法的人家,也要积攒一点钱,甚至不惜倾尽家产或借贷,通过各种渠道,包括找人贩子之类的歪门邪道,想方设法买拐来的女人进家做媳妇。久而久之,这竟然也成了村里的"传统"。

刘老汉家有4个儿子。老大的媳妇是买来的,老二媳妇也是买来的。如今要给老三买媳妇了,刘老汉就买下了郜艳敏,给他的三儿子做媳妇。

那天清晨,小雨连绵不断。郜艳敏坐在颠簸的"三马车"(一种农用三轮车)上,木然地望着好像永远没有尽头的山路。她不敢想象,前面是什么在等着自己。她只是本能地要逃离那地狱般的小黑屋,摆脱魔鬼般的人贩子。自从跟着那两个坏女人走出石家庄火车站售票大厅的那一刻起,她的命运已经掌握在别人的手里了,她已经无从选择,无路可走。此刻,她只能跟着这个陌生的刘老汉,走上一条坑坑洼洼的、到处是大山的未知路。

细雨打湿了她的头发,她却毫无知觉。刘老汉脱下上衣给她披上,她本能地扭过头来,恨恨地瞪着眼睛。

可是,看到老汉蜷缩着避雨的样子,她立刻就从身上把衣服取下,给老汉披上。

车上几个人笑了起来。刘老汉,你这个女孩买得值,将来肯定是个贤惠的媳妇!

一听这话,郜艳敏再也忍不住心头的悲伤,"哇"地一声大哭起来⋯⋯

在凹凸不平的乡村公路上颠簸了三四个小时,再翻山过岭步行了几个小时,郜艳敏被带进了大山包围的下岸村。这里到处都是石头,石头的山,石头的村路,石头的房子,又矮又脏……

那天夜里,在刘家,刘老汉让郜艳敏睡在炕上,他家几口人就睡在地上,堵着门,时刻提防她逃跑……

那几天,刘家老三没有在家,出去干包工去了,一直联系不上。刘家老二的媳妇就抱着小孩,一直跟郜艳敏在一起,就跟她说着这个村子里被拐卖来的媳妇的故事。

妹子啊,哭也没有用的。我老家在四川,和你一样,也是被人家卖到这里来的……

郜艳敏听她絮絮叨叨地说着,这才知道,原来,两人的年龄一样,都才19岁。她是去年被刘老汉家买来做二媳妇的。

这么一说,两个女子同病相怜,抱在一起痛哭了一场。

妹子啊,下岸村买来的媳妇就有几十个,没有一个能跑出这个大山。逃跑不成,反而还要遭一顿毒打……唉,咱们没有希望,根本就没有希望能出去……再说,就是跑出去了,人家知道你被人卖过,也是一种耻辱,也是一种压力,也觉得抬不起头来……认命吧,妹子……

郜艳敏默默地听着。她刚到这里,她不敢相信任何人。她不敢出门,也不跟任何人讲话,完全把自己封闭起来。她在心里告诫自己,最先就是因为你的轻信,两个女人骗了你……

郜艳敏默默地望着窗外。

窗外是山。远远望去，山外，还是山……

初七那天，老二家媳妇过来对她说，老三马上就到家了。

郜艳敏听到这个消息，吓得全身发抖，脑子里一片空白。她不知道，这个"老三"将会给她带来什么样的厄运。她恨不得找到个地缝把自己藏起来。

可是，她还是被刘家的人拽了回去。要她上老三那个屋里去。

郜艳敏赖在原来住的那间屋里不肯出来。

我不过去，我在这儿睡的挺好，我不想过去。

你不过去咋行啊！把你买来，本来就是给老三当媳妇儿

的。现在老三回来了,你就该过去,就该和老三在一起!

老汉老两口来说。老大老二媳妇来说。就连上上下下的邻居也来说。

郜艳敏犟了起来,还是不动。我不过去,我在这儿睡挺好!

刘老汉说,老三人你已经看到了,姑娘我就问你一句,做三儿媳妇,你是同意、还是不同意?

郜艳敏紧咬着嘴唇,还是不吱声。

姑娘,这么说吧,如果你实在是不同意的话,我还是把你送回到人贩子那儿?

郜艳敏一听这话,就哭了。她绝不能再回到那间比地狱还恐怖的小黑屋……她慢慢地站起身来,跟着他们。他们抱起被子,抱进了刘家老三的那个屋里……

她不得不跟着走进那屋——那个人躺在炕上,瞪着眼,看着她。她真的好害怕,吓得直想哭。

"哐当"一声,房门已经被人从外反锁了……

一连几天,老三哪儿也不去,什么也不干,每天只有一桩事,就是死死地守着他这个花钱买来的媳妇,就连媳妇上厕所都要跟在后面,根本不让她私自出门。窗子用板子钉死了,不管是晚上还是白天,那房门总是反锁着。

老三很不放心。他常挂在嘴边的话就是,我家买你的这2700块钱,都是从亲戚朋友那儿十块八块凑起来的,你要是跑了,你要是到公安局一报案,我这钱不打水漂了吗?

老三比郜艳敏大6岁,小学三年级即辍学,认不了几个字。他不准郜艳敏自己去办身份证,得由他替她去办。结果,这个几乎是文盲的"丈夫",把"郜艳敏"办成了"高彦敏",3个字错了两个。郜艳敏和他没什么共同语言,终日无话可说。因为自认为这个媳妇是自己花钱买来的,这个羊倌两碗酒一下肚,喝醉了,就要发酒疯,郜艳敏就成了他的出气筒和发泄工具。稍有不满,就要暴打郜艳敏。买来的媳妇,我愿意打就打!

郜艳敏实在不堪忍受了,她越来越觉得自己就是别人花钱买下的一头牲口,任人欺凌和宰割。她整天一门心思就只想一个字——逃!就算四川来的二嫂说过,村里买来的几十个媳妇,没有一个能逃得出这个鬼地方,只能认命,她也要抗争,她要试一试。她偏不认命!她要想方设法逃出去!

那一天晚上,刘老三喝醉酒后,又对她大打出手。郜艳敏趁他一时疏忽,睡着了,房门没锁,就蹑手蹑脚地打开门,逃了出去。但是,她不知道从哪个方向逃,只能顺着下岸村惟一通向外面的那条羊肠小路，深一脚浅一脚地跑着。还没有跑多远，老三就追了上来，一把抓住她，生拉活扯拽回家里，然后一顿拳打脚踢，将郜艳敏打得昏死过去。就在这时，刘老汉老两口闻声赶到，大声喝止，郜艳敏这才捡回一条命……

尽管刘老汉老两口对自家这个买来的儿媳妇已经算是很关心爱护的了。但是，只要一想起自己的河南老家，老家里的疼爱自己的奶奶、爸妈和两个弟弟，想起他们不知道自己的下落时的那种悲伤，郜艳敏就心痛如同刀绞。再想想自己在这里三天两头遭受到老三的打骂和屈辱，这种不知何时才能熬到头的日子，郜艳敏的心里就充满绝望！

那天，瞅着别人吃晚饭的一个机会，她偷偷地溜出刘家，溜出村子，急忙撒腿就跑。跑出了大约2里地，已经是气喘吁吁。没想到，正巧村里有几个放羊的男人下山，发现了她。

喂——那是谁啊！这么晚往水坝那儿跑什么？

郜艳敏不敢答话，拼命逃跑。那些人就一边大叫着"站住"，一边追了过来。

郜艳敏不敢回头，仍然没命地跑着。可是，一个弱女子，哪里跑得过那几个身强力壮的大男人。眼看就要被他们追上,跑到水坝边时,她再也跑不动了。郆艳敏心想,要是被捉了回去,在老三的手下,自己不死也要脱一层皮,还不如一死了之。于是,她心一横,穿着秋衣,一头就扎进了水中……

当她睁开眼睛的时候,发现自己仍然躺在那张不得不与刘家老三同床共枕的炕上。

你们为什么要救我?为什么还要让我活着?这样活着更累,更受罪,我真的不愿意活着了!为什么还要救我?

有了这样的"第一次"之后,郆艳敏更是把寻死当成了自己唯一的解脱方式。

或许是开始担心起这个买来的媳妇的性命,刘家人终于同意让郆艳敏写信给父母,告诉她现在的情况。

于是,郆艳敏写了一封信,交给刘家人带到集镇上去寄。但是,后来她才知道,家人收到的信根本不是她写的原信,有人把信的内容和地址全都换了。家里人就只知道女儿还活着,却不知道这个突然失踪了好几个月的孩子现在究竟身在何处。

郆艳敏就天天盼啊盼,盼着家里人的回信。可是,她哪里知道,那是一封没有真实地址的信啊!

不久,郆艳敏对刘家人说,自己总也睡不着觉,恐怕是有病了。拖了几天,还是不见好转。于是,在刘家人寸步不离的"陪同"下,她到集市上看病,大夫给开了一些治疗失眠的安定片……可是,这失眠的毛病还是不见好,就再到集市上去看医生,再请医生开一点安定片……就这样,两次三番,郜艳敏悄悄地攒下了60多片安定。那天夜里,她就着水,一把一把地,将安定片全部吞到了肚子里……

当她再一次睁开眼睛的时候,发现自己躺在镇卫生院的床上——大夫说,用了两天两夜,才把你从阎王老爷那里抢了回来……

刘家人和村里人都说,没见过这样犟的人,死过了一次不行,还要死第二次!

他们哪里想得到,郜艳敏求死的心竟会是这样的顽强。

不久之后,郜艳敏避开刘家人,又偷偷地吞下了两包灭鼠药,第三次自杀。这是毒药啊!她吞下后,顿时觉得肚腹里如同火烧,肠胃里有如刀绞,她一下子就昏死过去。但是,这次还是被"婆婆"发现了,立刻大呼大叫来人,急忙用驴车把郜艳敏送到镇卫生院。又是灌肠、洗胃,一番抢救后,她又活了过来……

郜艳敏睁开眼来,看见守在病床前的"婆婆"紧紧地拉着她的手。

邰艳敏扭过头去。她紧闭上双眼,她不愿意再看见刘家的任何人。因为醒了过来,活了下来,就意味着一切还是老样子。她只能深深地叹息。三次去死,三次都没有死成——为什么啊,为什么老天爷不把我这个苦命的女孩收回去?死而复生,一次又一次,是不是我活着还有一点意义,否则,为什么老天总也不肯收我?

她听见"婆婆"一把鼻涕一把泪地说,艳敏啊,我求求你,你可千万别再寻短见了啊!你要是真走了,将来你爸妈知道了,两位老人家还咋活啊……

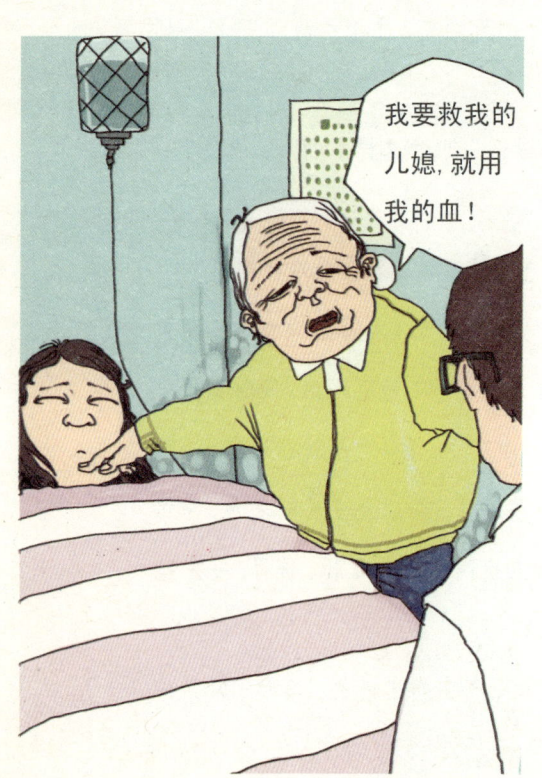

邰艳敏在医院昏睡了几天。这次的服毒自杀,使她的元气大伤。她的体质实在太虚弱,需要输血。但是,贫穷的刘家人根本就拿不出钱,买不起血。

郜艳敏万万没有想到,这时候,年逾50的"婆婆"站了出来,对医生说,我要给我家三儿媳输血!一查血型,两人的血型竟然还相同。但是,医生同时也查出"婆婆"患有心脏病,不主张由她为郜艳敏输血。无论医生怎么劝说,"婆婆"就是不依,一定要用自己的血救三儿媳的命……

"婆婆"身上的400毫升血液,流进了郜艳敏的身体内。

但是,输完血后,"婆婆"却突然昏倒在病房外的走廊上……

这一刻,郜艳敏的心被震撼了!

两天后,"婆婆"终于苏醒过来。

让郜艳敏没有想到的是,"婆婆"将她叫到床前,拉着她的手说,艳敏,我和你公公商量过了,你也是个苦命的孩子,把你留在这儿太委屈你了!趁着这几天老三不在家,你要走,现在就走吧……

邰艳敏的眼泪一下子涌出了双眼。多么善良的老人啊!在这个老人最需要照顾的时候,她真的能够忍心离开吗?再说,要是自己真走了,万一老人家一伤心,又引发了心脏病,有个三长两短,谁来帮助她?

邰艳敏傻傻地愣在那儿,许久她说不出话来。这是一个多么难得的机会!自己一次又一次地逃跑,一次又一次地寻短见,为的不就是离开这个刘家,离开这个又穷又落后又愚昧的下岸村吗?可是,眼前这位自己在心里从来也不承认的"婆婆",是她用她的血救活了自己,是她为了救自己才引发了心脏病,生命垂危……自己现在是可以一走了之,但是,做人怎么能够没有点良心……怎么办?怎么办?

终于,邰艳敏坐到了"婆婆"的病床边,握住她的手,摇了摇头。不,我要先留在这儿照顾你,等你看好病了,再说……

"婆婆"这一病就是好几个月。邰艳敏一直细心地服侍着卧床不起的她,吃喝拉撒,没有半点嫌弃。

那时候,刘老三与几位兄弟去了山西寿阳,到一家采石场打工。家里只剩下邰艳敏和两位老人。邰艳敏既要下地干活,又要照顾病人,整天累得浑身散架似的。她的愿望只有一个:等大家出去挣够了钱,给"婆婆"看好了病,自己就回河南老家去!

或许是被郜艳敏的善良心地所感动,刘家人开始相信这个买来的媳妇诚心在这里过生活了。而且,他们也还想从河南那边把郜艳敏的户口给迁过来。于是,终于同意郜艳敏把现在的地址写信告诉河南老家的人……

就在给父母寄信出去半个月后,在下岸村外那条噩梦般的进山路上,在那条自己走过来就再也没能够走出去的崎岖山道上,郜艳敏终于看见了,看见了从老家赶来探望自己的父母和三叔、三婶的身影……

亲人久别重逢,相拥在一起,哭成了泪人……

郜艳敏这才得知,自己在回家途中失踪后,父亲打电话问遍了所有能问的地方,甚至求神算卦,都没有任何关于她下落的消息。几天之间,40多岁的父亲的头发竟然急得白了一大半!母亲终日以泪洗面,把眼睛都哭坏了,后来不得不到襄城县医院,做了两次眼科手术,视力才略有恢复。家人报案后,许昌警方也曾到河北定州等地调查,但因为线索很少、不可靠,一直未能找到她的真实下落。父亲和三叔两人,分头在石家庄到许昌沿线的各处,在一个个陌生的城市和村庄打听、寻找她的下落。听说哪里发现了无名女孩的尸体,他们都要赶紧去看看……就这样,风餐露宿半年多，花光了家里的积蓄。

几天后，郜艳敏的父母和叔婶要走的前夜，他们把郜艳敏叫到一边。艳敏，你暂时在这里等着，我们回去后，就在老家去报警，让警察过来解救你。

郜艳敏想了又想，哭了。我虽然是他们刘家买来的，跟刘老三也没什么感情，但是……两个老人对我还是很好的……再说，现在老人心脏病很严重，等……等她病好些了，我……我那时……再离开这里……

郜艳敏的父母和叔婶都是忠厚善良的农村人，听孩子是这么个主意，只好叹叹气，没再说什么。

家人回去了。刘家人看到，这一次，老家来了人，郜艳敏也没有逃跑的意思，对她也就放心了。

在被拐卖一年后，郜艳敏终于在"丈夫"刘老三的陪同下，回到河南老家，看望家里的亲人。

当她跨进家门的时候，最先看到的是奶奶。奶奶看到自己差不多有两年不见面的孙女，激动得都站不起来了。郜艳敏急忙扑过去，祖孙俩抱头呼天喊地痛哭。好一阵后，郜艳敏突然发现爸妈都不在家。

奶奶，我爹呢？我娘呢？

他们在医院里，他们全病了！

奶奶就领着两人去医院。原来,爸爸的头发先是变白,后来就是一把一把地掉,头发都快没了。因为伤心,妈妈的两只眼睛已经哭坏了,再也治不好了。

郜艳敏看见父母为自己的事操心、伤心成了这样,心里痛如刀绞,可怜天下父母心啊!她当时就跪在了妈妈的病床前。

妈,对不起,对不起!都是女儿不好,当初没有听你的话,我是个不孝顺的闺女!我不回去了,我要留下来照顾爹妈,要弥补我的罪过……

郜艳敏的这个想法,也得到了亲戚、邻居们的附和。大家七嘴八舌都说,闺女你就别走啦,不要再回到那个鬼地方去……让你爹妈去借点钱,凑上个两三千块钱,还给刘家老三,叫他自己一个人回去,闺女你就甭回去了……

郜艳敏把这个想法悄悄说给妈妈听。

妈妈半晌没说话。想了好一会,才说,闺女啊,这事儿可得认真想好喽……要再想想……

过了两天,郜艳敏再向妈妈提起这事。

妈妈拉起郜艳敏的手说,你看看我们家,现在已经成了这个样子,你回来了又能怎么样呢?可是,那边呢?他刘家那边,你要是回来了,闺女,那边会咋样?你想过没有……如果你不回去,你想想,他们家的老人,还害着心脏病呢，他们家会是什么样子？

在家待了将近一个月，虽然生活在亲人的温暖之中，但是，郜艳敏的内心里充满了矛盾。妈妈的话，是一位善良母亲掏心窝子的话！其实，郜艳敏的心里也很明白，要是自己就这样留了下来，村里那么顽固强大的传统习俗，能够理解、宽容她被拐卖、被强暴、被侮辱的种种经历吗？会对她离开自己被迫"嫁"给的刘家不说三道四吗？她从妈妈的话语中，已经听出了母亲的另一种担忧——在同样贫苦封闭的家乡，一个已经失身的、一无所有的女人，难道还会有未来么？自己这样的经历，回到老家，注定了是再也嫁不出去的……可是，要再跟着刘老三这个"自己的"男人回到下岸村？那可是自己拼了命自杀了三次也要抗争、也要逃出的地方啊！可是，妈妈说的话，又是那样的占理……

郜艳敏痛苦地选择着……

她再问父母，我能不能不回去了？

闺女，这是你一辈子的大事。无论你走哪条路，我们都会尊重你的选择。但是，希望你还是要考虑刘家人，如果你不回去，他们就人财两空了……特别是那老两口，会急疯的……

爸，我们可以还他家的钱……

这不是钱的问题。他们家要的不是钱,要的是你这个人……他们家也是农民,过日子也不容易……要将心比心,人都得讲良心啊!再说,孩子你也知道,在咱们这个地方,结过婚的女子,再想嫁个好对象好人家,难呐……你被拐卖的事情,在这四乡八村还有谁不知道啊,说什么话的没有啊!闺女啊,认命吧……

郜艳敏终于明白了父母的心思。回来的时候,她抱有一大半的希望,想留在家里。现在,不会再抱什么希望了!有些事情,就连生她养她的父母也帮不了她。她不怨任何人……可能是自己的命,自己的命不好……她做出了最后的选择。

几天后,她告别了躺在炕上流泪的父母,跟着刘老三,回到了远离家乡的河北太行山深山沟里,把自己埋进那个曾经让她生不如死的下岸村。

回来以后,村里人发觉,郜艳敏好像变成了另外一个人,她不再哭泣逃跑,也不再看着层层叠叠的大山发呆。她就像村里大多数买来的媳妇一样,默默承受着这山里贫穷、屈辱而苦涩的生活。

1996年5月,郜艳敏终于同意,与刘家老三正式登记结婚。

当然,日子并不会因为郜艳敏的选择而有多大的改变。

但至少，丈夫终于明白了，自己买来的这个媳妇有一颗多么善良的金子般的心！随着女儿的出生，孩子成了两人之间的纽带，感情渐渐好了起来。

但是，在后来的日子里，郜艳敏依然过得十分艰难。公公患有关节炎、脑血栓病，说犯就犯，已经送医院抢救了两次。有心脏病的婆婆，一到冬天，气管炎就会发作，下不来炕。家里的事、地里的活，全是郜艳敏一人的。丈夫的弟兄4个，老大一家搬走了；买来的四川二嫂终于逃走了，音信全无，二哥破罐子破摔，犯下了案子，正在蹲大牢，家里扔下个9岁的儿子，只能跟着爷爷奶奶和她这个三婶婶过日子；四弟因为总也娶不上媳妇，便"嫁"到外地做了上门女婿，也不轻易回一趟家。丈夫呢，一向体弱多病，为了挣钱养家，一直在远远的山西打工……

郜艳敏问自己，为什么要让我担这么重的担子？真不想再担了！可是不担又怎么办？

婆婆说，三媳妇，你要是走了，这个家就全完了！我们也知道你难，真的很可怜你……担子实在是太重了……

爸，妈，你们放心，要相信我，媳妇我不会离开你们的……

下岸村买来的媳妇已经跑掉了一半，扔下了一群没娘的孩子。有人问她，你真的就不后悔？

人总得讲点良心……我现在不后悔。后悔有什么用？后悔也不能挽回我已经失掉了的……我不忍心伤害身边的每一个人……

每次，听到哪家的媳妇又跑了的消息，郜艳敏的心情都很复杂。她们都是被迫来到这里的，她们逃去别处寻找幸福，情有可原……可是，做娘的跑了，留下的孩子怎么办呢？

三、走上讲台

邰艳敏从河南老家回来后不久,发生了一件事情,使这个受尽屈辱的女子对这个令她心碎绝望的小山村,开始产生了一份牵挂。

一天,有人来到村里,来了刘家,说是专门来找邰艳敏的。

村里的人都认得来人,尊敬地称他"马校长",说他是辉岭中心小学的校长。

马校长来这里,是专门来请邰艳敏做村里小学的代课老师。

原来,村里的孩子们,都要到十几里外的辉岭中心小学去上学。由于下岸村交通极为不便,山路崎岖漫长,要翻一座大山,小学生们每天早出晚归,非常辛苦,年龄较小的孩子更是很不安全。于是,辉岭中心小学要在下岸村设立一个小教学点,专门招收村里的一二年级学生。但是,由于这里实在是太穷太偏僻了,教学

条件很差,吃水也困难,从中心小学安排到这里任教的几位教师,谁也吃不下这份苦,都不愿意来,来了的也都待不长,先后都走了。眼看已经开学好几个星期了,下岸村一二年级的孩子们却无学可上。马校长急得团团转,只好就近寻找能代课的老师。但是,他问遍了下岸村的男男女女,人人都说,要抓文盲半文盲一大把,墨水"喝"得多的也只是个小学毕业,最有文化的恐怕就只有刘家老三的媳妇郜艳敏一个人,听说是个正儿八经的初中毕业生。于是,马校长

便找上门来了。

马校长对郜艳敏说,我们临时聘请你当代课老师,乡里不发工资,学校每个月先给你发100元工资,你看怎么样?

郜艳敏一听,一个人要代两个年级的所有课程,每个月报酬却只有100元!她没什么兴趣,摇了摇头,没有答应。

但马校长却不厌其烦,一次次上门来"请"。村里一些家长也领着孩子们来劝说,都希望郜艳敏能站出来当这个老师。

看着孩子们那渴望上学的眼神,郜艳敏终于心动了。她想起了自己被人贩子拐卖的那一幕幕,她的心在颤抖,在滴血。她想,如果不让大山里的这些孩子读书识字,成为有知识有文化的人,将来改变这村子的面貌;如果下岸村仍然这样贫穷落后下去的话,没有姑娘愿意嫁进来,将来这些孩子长大了,还会像他们的上辈人一样,只会放羊,只能花钱去从人贩子手里买媳妇。那样的话,自己的悲剧不知道还要在多少无辜的女孩子身上重演……

既然走不了,我就做个好人,当个好老师吧!

10月的一天,郜艳敏走进了村头的"下岸村小教学点"。

那是间四处漏风的破旧教室。学生们连课桌椅都没有,只是把石头垒起来,上面搭上块木板子。墙上留有几个洞,那就是"窗子",无遮无拦,遇到刮风下雨,风啊雨啊就往里面钻,根本没法上课。

当郜艳敏第一次走进教室、站在讲台上的时候,她突然觉得眼前一亮。

她发现,在讲桌上,放着一个破瓦罐,里面竟然是一束扎得整整齐齐的野菊花,金灿灿,活鲜鲜,美得让她有些眩晕——她有太长太久的日子没有感受到这样的美丽、这样的温暖了!

那是孩子们为了欢迎她的到来,集体到山上采摘的。

看着讲台下十几个坐得端端正正的孩子,郜艳敏突然发现,自己作出了一个非常正确的选择!她在心里感到无比的庆幸和欣慰。

　　从此,郐艳敏就一心扑在了教学上。从来也没当过老师,她备起课来自然很吃力。但是,她做事一向认真,不想

马马虎虎地混过去。她希望自己能够把课讲得生动有趣,让学生们都喜欢听。于是,每次出山,她都要设法买一些旧书报和参考辅导书,她最喜欢读的刊物是《读者》。回来后自己先学,扩大自己的知识面;她仔细揣摩教学大纲里的每一点要求,努力把各科教材消化、融汇。一有机会,她就会翻过大山,去中心小学听课,把其他老师的讲课内容、讲课方法一点不漏地记在本子里,记在心坎上……

在这个不通电的偏僻小山村,没有电灯,没有电视,村里家家都是晚上六七点就关门睡觉了。现在,唯有刘老三媳妇家,煤油灯常常亮到深夜。村里人知道,那是郜老师在备课,为了教好那些上学的娃娃……

不久,冬天来了。坐在四壁透风的教室里,跟坐在野外空地里几乎没啥两样。孩子们的年纪小,受不了,扛不住,有的手脚冻伤了。不几天,有几个孩子实在被冻得不行了,就辍学回了家。

郜艳敏心想,再这样下去,孩子们还不都得逃回家?不行!既然我答应了做他们的老师,我就一定要叫他们读书,学知识,有文化,一个也不能少!教室太破太烂,难道就没有别的办法吗?

那天,她事先把自己家里的土炕烧热,再烧上一个蜂

窝煤火炉子。然后,到村头的那间破教室里,把冒着寒冷赶到教室的孩子们,领到了自己家里,让他们挤坐在暖暖和和的屋子里、土炕上上课……

放学后,她挨家挨户,去劝说家长、动员已经辍学回家的孩子们回来复课。到老师家里去上课……

一晃几个月过去了。到年底期末考试,邰艳敏教的下岸村小教学点两个班学生的学习成绩,虽然开课晚了一个多月,但与学校其他几个同类教学点相比,综合成绩仍位居前列！而且，过去，这个教学点里虽然有3位老师教学，但还是常有适龄学生辍学。现在，这里只有邰艳敏一个教学，却没有孩子辍学——"一个都不能少！"邰艳敏真正做到了！

教书育人，让邰艳敏在这个曾给她无尽屈辱和痛苦的山村里，找到了自己人生的价值，生活的意义。

自从当上老师以后，村里无论大人孩子见了她，都发自内心地尊称她为"邰老师"。她不再仅仅是"刘老三家里的"，她不再是一个被侮辱与被损害的"买来的媳妇"。她是一位老师，受到了全村人的尊敬，就连刘老三也不得不对自己身边的这个女人刮目相看。

善良的邰艳敏，为小小的下岸村点亮了希望的灯！

不久，邰艳敏怀孕了。在孕期，乡里安排了一位刚毕业的中专生，到下岸村小教学点来当老师。

孩子出生了，满月了。邰艳敏心急火燎地就要回村小教学点，她发觉，自己已经爱上了当老师，已经离不开那些学生们了。

可是，她没有想到，自己已经回不去了，她这个"代课教师"已经"失业"了。她问，不是还缺上课的老师吗？她几次找到中心小学的马校长，希望能够允许她回到学校。

但是，马校长总是摇着头。这是乡里的安排，我也无法，郜老师，我实在是爱莫能助……

离开了讲台后，郜艳敏骤然感到无比失落。

郜艳敏待在家里，将女儿带到了一岁多。为了维持家里的生活，郜艳敏就去山下的烧窑里，干烧火之类的杂活，每月也能挣到300多块钱。一直干了一两年。这期间，她算过一笔明白账：在村里代课，一个月顶多也只有100多元钱；而到山下烧窑上干活，一个月至少也能挣到300多，要是满勤的话，能有400多！公婆都有病，刘老三身体也不好，经常生病，落下了一堆债务，一家人生计艰难，一天只能吃上两顿饭。而且，远在河南的母亲也身患重病，她总要不时汇点钱回老家，尽点孝心。她单薄的肩膀上，几乎要同时支撑着两个家。多挣一分钱，都是好的啊！

后来，婆婆的身体也渐渐得到恢复。邓艳敏就将女儿留给公公婆婆照看，自己远去广东，到东莞的一家服装厂里打工。虽然每天的工作量很大，还要经常加班加点地赶活儿，但毕竟，挣到的工资比在村里当个"代课老师"高出了很多。

可是，这期间，村里学校已经换了好几个老师，没有一个外面来的老师能够待得长久，孩子们的成绩也直往下掉。每当听说这样的消息时，邓艳敏的心，又飞回到了下岸村那间破破烂烂的教室……

四、不离不弃

2000年9月中旬,婆婆的肾结石病发作,住进了曲阳县人民医院,诊断后决定实施手术。郜艳敏向厂里请了假,从东莞回家,照顾病中的婆婆。20多天后,婆婆出院了,婆媳俩一起回到了家中。这时,他们已经搬到了山下居住。

那天,郜艳敏正在收拾行囊,准备这一两天就回东莞的厂里上班。就在这时,辉岭中心小学的马校长再次登门了。

原来,下岸村小教学点又没有老师了,眼看村里一二年级的孩子们又要辍学了!分来的一位中专生辞职走了;学校又先后派了几位老师上山来,有的来看了一眼,便再也不来了;有的来待了几天,一下山就不见回来……有什么办法呢？人家是公办教师！

马校长一脸的愧疚。郜老师，对不起，那年没能让你回学校，我也……希望你能不计前嫌，为了孩子们着想，把下岸村小的教学点支撑下去……我这边每个月给你开200块钱的工资，虽然跟你在外面打工挣钱没法比……

一个月200块钱，还不到自己打工挣钱的六分之一，放寒暑假的几个月还没有工资！郜艳敏摇摇头，没有同意。

她给在山西打工的刘老三打电话，跟他商量。

刘老三极力反对。这事还有得商量吗？明摆在那里，傻子都知道，哪样该干，哪样不该干，这还用想吗？

郜艳敏又去找公婆商量，两个老人却都看出了她的心思。老三家的，你怎么想的，就怎么去做。不管咋样，我们都支持你……

然而，郜艳敏仍然在犹豫。她很清楚，如果应承了，留下来还当这个代课老师，收入会少去一大截，家里的日子又会像过去一样，过得紧紧巴巴。

一天晚上，郜艳敏从外面回到家里。刚推开家门，她就愣住了。

家里热热闹闹地挤着六七个孩子，还有孩子们的家长。大家一看见她，都站了起来，几个孩子"轰"地跑了过来,围在她的身边。

邰老师,你不要走!你还是来当我们的老师嘛!教我们读书吧……

家长也走上前来。老三家的,今天我们大伙儿来求你了!请你一定给孩子们当老师!你教他们能认点字,不再像孩子他爸、他爷那样,还当一辈子羊倌——你就是菩萨啦!

看着孩子们那一双双渴望、焦急的眼睛,急得直抹泪的样子,邰艳敏的泪水浸出了眼眶。在这些渴望读书的孩子身上,她仿佛看到自己当年初中毕业后,不得不辍学时的痛苦影子。7年前,正是因为贫穷,她不得不把自己那个洗得发白的旧书包交给弟弟,自己选择了辍学,这才远离家乡外出打工,这才落入人贩子的魔爪,这才从此改变了自己一生的命运……

她知道,这里有几个孩子,他们的妈妈都是从外地买来的,他们的妈妈撇下了孩子,都从村里逃走了……不要孩子了!可是,孩子们有什么罪啊?孩子们要是不上学,只好待在家里玩耍,大一点了,家里就会给他买几只羊,让他整天漫山遍野去放羊;再长大一点,就是出去干活、打工……他们没有文化,就没有前途,没有出路,将来就只有像他们的父辈祖辈一样,受穷,从人贩子那儿买媳妇儿……

看着眼前的这群孩子,郜艳敏的内心突然涌起了一种冲动:如果自己留下来,再做这些孩子的老师,也许,就可以帮助他们摆脱这样的恶性循环:贫穷→辍学→放羊→挣钱→买媳妇→生孩子→孩子长大再放羊……只要我努力,就有希望不让这样的悲剧重演,让下一代人的生活有一个新的开始……

郜艳敏轻轻地擦干眼泪。她坚定地说,好吧!我留下来,就当这个老师!

那一天,当她再一次走进教室,走上那个讲台的时候,孩子们一起高声欢呼,老师来了!老师来了!今天我们又有老师了……

郜艳敏突然

老师来了!老师来了!今天我们又有老师了……

觉得,自己的肩头上沉甸甸的。孩子们把这一切希望都寄托在自己身上,自己也就找到了人生的方向!

这时,她忘掉了曾经困扰、折磨、羞辱过自己的一切。她竭力让自己的心慢慢平静下来……同学们,我们现在开始上课!请大家翻开课本,第……

那带着明显河南口音的普通话声音,又开始在这间四壁透风的教室里响起……

这里,仍然只有一、二两个年级,仍然只有十几个学生,仍然只有郜艳敏一个老师。除了语文、算术、自然等课程外,她甚至把体育、美术、音乐等副科课程也开了起来,一天要上七八节课。

山里的路常常被洪水冲断。每到新学期开学前,她都要尽早去到中心小学那里,领到新课本,背起一大捆沉重的新书,跋涉十几里的山路,给孩子们领回来,不耽误孩子们一天课程……

这学期又有几个学生没钱买书本了,她就从自己那点微薄的工资中,挤出一点钱来,给孩子垫上。总不能眼看着孩子读书没有书,总读"望天书"吧……

有个学生叫刘卫,从小没有了爸妈,是个孤儿,和奶奶在一起过日子,过得很艰难,掏不起学费。郜艳敏就给

"包"了下来……

学生杨阔的妈妈和奶奶都去世了,跟着父亲过,他变得很顽劣,砸门窗、打同学,还经常逃学。郜艳敏就一次次地上他家去,苦口婆心地开导、劝说,终于把这孩子"请"回到教室里……

每天早上上课前,她都要早起到山下去打水,然后挑到山上的教室,烧开水,让孩子们课间有水喝。沉重的水桶压弯了她的脊背,崎岖的山路多少次让她摔得皮开肉绽……

她还办起了"学前班",免费给村里人看护着几个四五岁的孩子,让这些家里大人忙于打工干活、没时间照应的学龄前儿童,就此有了一个归宿,不再满地爬、满山

跑。每天放学以后，她会背着、牵着孩子，把他们一个个送到家门口……

在郜艳敏的努力下，几年过去了，下岸村小教学点不但教学成绩一直居中上水平，而且村里一二年级的适龄儿童没有一个辍学，连年受到辉岭中心小学的表扬。

每天，琅琅读书声响起的时候，是下岸村最美的时候，也是郜艳敏心里最美的时候。

请同学们翻开语文课本，第21课，《我们的夏天》……大家跟着我，朗读课文……夏天是火热的，夏天是喧闹的，夏天是快乐的，夏天是我们的……

今天的音乐课，我教同学们唱两首流行歌曲，一首叫《两只蝴蝶》，一首叫《我的玫瑰花》。大家说好不好？

在很久以来只有单调的轱辘声和牛羊"哞""咩"声的下岸村，终于又响起了孩子们稚气的歌声……

学校四周是山，山上遍布乱石，只有零零星星的树木。郜艳敏带着孩子们做游戏。这也算是我们体育课的内容之一……

自从经受了那么多磨难之后，郜艳敏就一直快乐不起来，就没有开心的时候。但此刻，郜艳敏觉得，孩子们把她的年轻时代找回来了。每当和孩子们在一起的时候，她就是幸福和快乐的！不错，如果自己在外面打工，能挣到比当代课老师多很多的钱。但是，在那繁华的大都市里，自己只不过是一个可有可无、不起眼的打工妹。可是在这里，在下岸村，自己却是一名受全村人尊敬的老师，孩子们都离不开她……

在郜艳敏的精心教育下，下岸村孩子们的学习兴趣和学习成绩又开始大幅度提升。每次考试评比，下岸的学生总能从辉岭中心小学颁发的七八张奖状中，拿回来一两张；二年级的刘行，学习成绩一直是整个中心小学各教学点同年级的第二名，而他的妈妈，就是已经逃离下岸村的郜艳敏的二嫂，现在不知在何方。郜艳敏常在心里喊道，二嫂啊，你为什么不能回来看看你的刘行呢？

当然，也少不了让郜艳敏为难、伤心的事情。根据当地教学点的布局，下岸村小教学点的孩子，升入三年级以后，都要转到镇中心小学集中上课。村里有10个孩子升入三年级后，转到了镇中心小学和韩家村小学后，却因为各种原因先后辍学。郜艳敏知道后，心里很着急，就一次又一次到孩子的家里，反反复复地劝说家长，想办法让孩子继续去上学读书。终于，有6个孩子的家长被她的执着和诚意所打动，同意自己的孩子复学。郜艳敏高兴极了，决定节省自己的工资，为他们买文具……

但是，仍然还有4个孩子辍学在家。怎么办？她决定宁肯自己少休息、多劳累，办起一个义务的星期天"扫盲班"，继续给这几个孩子和村里其他大一点的辍学孩子上课，教他们知识和做人的道理……

郜艳敏知道，自己一个人的力量，实在是很微弱的。她很害怕，她不能接受村里哪怕一个孩子的失学、辍学！

但是，不幸的事情又接踵而来！

2005年8月，郜艳敏突然接到了河南老家三叔的电话。闺女啊，你妈病了，病得不轻，现在在郑州治疗，你要赶快回来……

郜艳敏的心，一下子就提到了嗓子眼！幸好，这时候正是暑假，学校里放假。放下电话后，她向学校提出先预支一点工资,好回娘家救急。因为原本应该每个月按时发放的200元工资,后来改成两个月发一次,再后来变成了一年才发一次。这一回,郜艳敏想预支,可是催了几次都没有结果。实在无奈了,她只好找人借了点钱,立即启程,赶往郑州。

在火车站,来接她的三叔、三婶告诉她,你妈被检查出了胰腺癌,是晚期,正在河南省肿瘤医院治疗!

郜艳敏听到这消息,一下子瘫软了,跌坐在地上。

可是,坏消息还远不止这一桩。原来,就在母亲被检查出胰腺癌之后,父亲因为悲伤焦急过度,竟然突发脑血栓!虽然经过医院抢救,总算活了过来,但是,现在已经动弹不得,只能整天躺在医院里,依靠已经80多岁的奶奶照顾了!

这真是应验了那句"祸不单行"的老话!

这一连串的噩耗,让郜艳敏如万箭穿心。

她每天奔波在父母各自治病的两家医院之间。看着被癌症折磨得无比痛苦的母亲,看着躺在病床上一动不动的父亲,一种十分强烈的内疚感,像一把利刃,在狠狠地戳着、剜着、撕着她的心!父母好不容易才把我养到18岁,自己却被人拐卖到远离父母的大山深处,不能回到他们身边,为他们尽一点孝心……

那一天,三叔和三婶把郜艳敏叫到一边。三叔说,艳敏啊,我和你三婶跟你爸妈商量过了,现在实在没辙了,只有一个办法,就是想让你跟老三和孩子,一起回到河南来,也好照顾家里的两个病人。你看咋样?

郜艳敏迟疑了一下。叔,婶,我也想搬回来,在父母身边,好好尽尽孝心。可是……我是村里学校唯一的老师,我走了,那些学生咋办?

艳敏啊,我们知道你做的是善事,是好事。可是,百善孝为先嘛!医生也说了,你妈已经没几个月的活头了……你妈养你这么大,没有享到你的一天福。这剩下的最后几个月,你就不能过来,好好陪着她吗?

面对三叔那充满期盼又有些严厉的眼神,郜艳敏只有羞愧和伤心。

郜艳敏给远在河北的镇中心小学马校长打了电话。她告诉校长,父母亲得了重病,自己要请假留在河南照顾他们;如果不能够准假,她只好辞职。

马校长安慰她,不要着急、伤心,我会尽量安排老师,代你的课。如果不行,再说吧!

此后,一连好几天,郜艳敏每天都要给马校长打一个电话,询问情况。但是,一周过去了,代课老师仍然没有找到。

马校长在电话中直叹气。安排谁都不愿去!郜老师,看来这里确实是离不开你啊!你还是回来吧……我也知道你挺难的。这样吧,我给你三叔打电话,做做他的工作……

就这样,马校长一连几天、每天几次电话,不厌其烦地向郜艳敏的三叔解释郜艳敏对于下岸村学校和孩子们的重要性。

三叔和三婶终于明白了,自己这个侄女在下岸村是多么的重要。他们也都是通情达理的厚道人。

几天之后,三叔把回河北的火车票送到了郜艳敏的手中。艳敏,你回去安心工作吧,这边的事情我们会照顾好的!

临走之前,郜艳敏跪在父亲和母亲的病床前,痛哭失声地给父母磕头"谢罪"。她默默地乞求上天,千万不要让这次与母亲的分别成为永诀……

但是,郜艳敏没有想到的是,由于家里缺钱,在她回河北的第二天,母亲就坚持出院回家,放弃了治疗。不久,当她得到母亲病危的消息,远道赶回的时候,母亲已经去世!

下葬那天，天上下着大雨，仿佛也在为不幸的郜艳敏哭泣。她跪在母亲的新坟前，任雨水和泪水在脸面纵横。妈啊，我对不起你，对不起你啊……

父亲的脑血栓病虽然有所好转，但又检查出了胃病、骨质增生和老年痴呆症，最后不得不离开老家，去依靠郑州打工的弟弟，在那里治病养病，有个照应。娘家里，只剩下高龄的奶奶和有残疾的大伯相依为命。小弟弟也到了结婚的年龄，却连一间房子都没有……

第二年，又有一连串的不幸，再次扑向郜艳敏。在平山县一家采石场打工的丈夫刘老三，不小心闪了腰，被送进了医院，花去了几千元的治疗费后，总算能够勉强下床走路了，但是，什么活儿都不能干了，就连弯腰也很困难。婆婆见儿子成了这个样子，受不了这种打击，急火攻心，心脏病再次发作，又一次住进了医院……

从此，郜艳敏不但要代课教书，还要承担起照顾丈夫和婆婆的责任。在她的细心照顾下，婆婆的病情也一天天好了起来。丈夫在家躺了一段时间后，又回到了山西那边的采石场，打石头挣钱……

那天，是母亲去世一周年的日子。晚上，郜艳敏一个人来到下岸村村口，面朝南方跪下，给母亲烧纸。这些天来，她夜里做梦,都会看到母亲,都会听到母亲的声音,都会想起自己愧对母亲而留下的永远无法弥补的遗憾……

生活就是这样的,要你一个人去面对,有时候,真的没办法,日子还得继续下去……

但是,郜艳敏并没有因此而耽误学生们的一节课。

五、感动河北

如果不是因为后来发生了一件事情,也许,郜艳敏和她那个贫穷落后的下岸村,还不知要在这太行山的深处,默默无声地被遮蔽多少年。

那天,《燕赵都市报》一位姓祁的记者,去曲阳县采访当地的农民摄影家老刘。这位老刘其实不老,40岁左右,也是个农民工。他始终用自己的镜头聚焦贫苦孩子,资助过不少当地的贫困学生。他曾经自筹资金,在县城里搞了一个以贫困儿童生活为题材的摄影展《远山的呼唤》。短短三天,小小的县城里涌来了上万名参观者,许多人含着热泪,为贫困孩子捐款捐物……

几天来,祁记者跟着老刘在大山里转,走访他曾经帮助的孩子们。来到灵山镇时,老刘说,祁记者,这里有个下岸村,非常穷,一个村里几十个媳妇都是买来的,条件艰苦,正式的老师都跑了,没办法,村里找了个代课教师,也是买来的媳妇,教了好几年了。不过,学校里条件很差,你能不能去看看,在报纸上呼吁一下?

于是,两人立即上路。翻过了几座大山,来到了下岸村。在山坡上一所很小的小学校里,他们与郜艳敏相遇了……

当他们听过郜艳敏的讲述,采访过村里的人们之后,两个男子汉被震撼了!他们几乎不敢相信，眼前这位身高只有一米五左右、瘦小单薄的柔弱小女子，内心竟然会拥有那样强大无比的爱的力量，使她可以面对大山一样沉重的命运，经历常人难以想像的屈辱和磨难，最终以善良超越了自身的痛苦，使自己成为一个能够改变他人命运的强者。这样以德报怨的人性大美，真是可遇不可求！

为了慎重，祁记者和老刘一起，又翻过一道山梁，到了中心小学，采访了校长。校长对郜艳敏的教学态度和成绩表示完全肯定，他说，我也知道郜老师是买来的媳妇。

两人又折回到村里，找到了村支书。

村支书竖起了大拇指。村里人对郜老师的评价？可不低啊！不对，是特别高！一百一的好！特别特别的好！

村里的人也都说，那是个孝顺的好媳妇，刘老汉家若是没有这个好媳妇，不知会成什么样子！这几年村小学若是没有郜老师就肯定办不成……她是不是被拐卖来的媳妇？是呀！这事儿村里的大人小孩全都知道啊！

不久，一篇题为《河南被拐女教师　曲阳书写园丁传奇》的系列报道，出现在《燕赵都市报》上；农民摄影家老刘拍摄的关于郜艳敏经历的一组照片，也被贴到了一些网站上……

很快,河北省曲阳县山村代课教师郜艳敏和下岸村小学成为众多媒体和社会关注的热点。被中央电视台、凤凰卫视、香港《大公报》等若干媒体竞相采访、报道、转载……郜艳敏的事迹深深打动了广大读者和观众。郜艳敏被推举为"感动河北十大人物"的参选者。

2007年1月27日,郜艳敏获得100多万张的选票,捧起了"感动河北十大人物"的奖杯!

评委们为她写下的颁奖辞是：

——她年轻的生命曾历尽屈辱、充满绝望，但她的内心却是如此慈悲，只因为不忍心看到山里的穷孩子渴望上学却无学可上，只因为不忍心让那些孩子长大后重复着"放羊，买媳妇"的悲剧人生，她以坚忍的姿态接受了不公平的命运，用宽容回报着山村，用大爱和善良为大山深处那些穷孩子点亮了一盏希望的灯。

郜艳敏的感人事迹，在燕赵大地、在她的家乡河南引起巨大的反响。许多单位和个人对下岸村的教育状况给予极大同情，纷纷伸出援助之手，为下岸村小教学点捐钱捐物。短短半个月，30多个面临辍学的孩子都与外界的资助者结成了对子，村小学收到了10000多元的社会捐款。一笔笔捐款，让身在大山里的郜艳敏和她的学生们，深深体味到了社会的温暖。郜艳敏这才明白，其实自己并不孤独，这个社会需要爱，也有爱！

孩子们对上学读书的渴望，使郜艳敏留在这个被遗忘的角落，她的伤心之地。但从此，偏远的小山村再次有了琅琅的读书声，郜艳敏成为一个受学生和村民尊敬欢迎的老师。不幸的人生，因为她的善良和奉献，终于演绎为一个传奇！

不久,石家庄的一家企业,向下岸村小学捐款3万元,重建了学校。从此,在四周是山的下岸村一隅,在灰色的石屋七零八落地坐落的村子边,最"气派"的建筑,就是这所小学校!6间宽敞明亮的教室和办公室,天蓝色的门窗,

5间房5个教室,每个教室里都放着4张新课桌……

新教室落成那天,邓艳敏将所有的学生都集合到一起,为他们分发外界捐赠的新衣服、新书包、新文具,孩子和村民们一阵阵欢呼……

孩子们的头上,戴着印有"袖珍小学"字样的太阳帽。帽子是热心人士捐助的,名字也是热心人士给取的……

那天,一位来自保定市一个居民社区的志愿者女士,带着3000元现金、20套文具以及米、面、食用油和牛奶,来看望下岸村的小学生们……

有位好心人捐助了一台电脑……

有位好心人捐助了一部电话……

眼下,一时间就发生了这么多的事情,这么大的变化!郜艳敏这才发现,竟会有这么多好心人在支持着自己身边的这些穷孩子,支持着自己当好这个老师……那我就好好当吧,虽然挣不了多少钱,但我会努力,我已经离不开这些孩子们了……

于是,郜艳敏就想把自己当选"感动河北十大人物"荣获的10000元奖金,分给全村的每一个村民。后来,在报社记者的极力劝阻和谋划下,她把这笔来之不易的奖金作了这样的"分配":用1000多元为村里的孤寡老人、老党员每人买了一袋大米;用1000多元为村里所有上学的大大小小60个孩子,每人买了一个新书包;用1500元添置器具,从县里请老师,在村里成立了一个秧歌队,每天晚上把妇女们集中到一起,教学跳秧歌,活跃了村里的文化气氛;其余的钱,2000元给了公婆,2000元寄给了生病的父亲。最后,只剩下了几百元,她给自己买了一个廉价的手机。

那年"六一"儿童节,在曲阳县农民摄影家老刘的帮助下,郜艳敏和下岸村小教学点的孩子们,第一次到了北京,观看了天安门广场的升旗仪式。听着庄严的国歌,看着鲜艳的五星红旗冉冉升起,郜艳敏泪流满面,她想起了很多很多,想得很远很远……

在返程的列车上,郜艳敏兴奋极了,又说又笑,像个孩子……

她急着给病中的父亲打电话,爸,我到过北京了!看到天安门了!看到在天安门升国旗了!现在就是死了也心甘情愿啦……

当然,那些过往的阴影,依然会不时浮现在郜艳敏的心头。

有一次,凤凰卫视请她去北京录节目。列车快到石家庄时,郜艳敏突然惊恐起来,浑身发抖……

事后,她喃喃地说,不知为什么,我一路走,一路给自己壮胆,但还是害怕……我特别不愿意过石家庄火车站,一过那里,我就会想起那两个女的……头就像快要爆炸了一样……

　　面对前来采访的记者，郜艳敏说的最多的话是，孩子们都是些聪明懂事的好学生。他们的家都太穷了，我一个人的力量实在太小了。我盼望外界的好心人能跟他们结个对子，帮助他们完成学业。结对子救助，一个小学生每年需要200元，一个初中生需要300元……孩子们说他们不想放羊，他们想读书，想走出大山。所以，我就别无所求了，一心待在大山里做个好老师吧……

　　郜艳敏照样给孩子们上着课。还是一、二两个年级，还是十五六个学生，还是只有她一个老师，还是要上语文、数学、自然以及音乐、美术、体育等教学大纲中规定的全部课程，还是一天要上七八节课……

　　后来，教育局给下岸村学校派来了一名女老师。两个人各教一个班。郜艳敏这才发觉，的确比过去教复式班轻松多了……

　　后来，下岸村通往外界的那条羊肠土路，经过曲阳县多方筹措资金，得到了爱心人士和机构的捐助，投入了40多万元，终于修成了一条平展通畅的水泥公路。那条路，曾经是下岸村一个永远的奢望，许多年过去了，村里连两万元的配套资金也凑不出。现在有了这条出山的水泥路，下岸村就可以办石子厂,把满山的石头变成钱,还可以跑运输,乡亲们很快就会富起来了……

于是,下岸村的村民们有这样一个说法,这条2.4公里的出山公路,应该叫"艳敏路"。因为,没有郜艳敏,就没有这条路……

下岸村党支部要培养郜艳敏为党员,并计划将她吸收进村委会……

后来,郜艳敏的感人故事,被写成了电影剧本,被拍成了故事片,名叫《嫁给大山的女人》,在中央电视台的电影频道播出后,打动了更多的人……

郜艳敏一家4口,仍然与公婆、丈夫的两个兄弟同住在一个院里。5间石头垒成的住房,夫妻俩住两间。现在村里通电了,电灯就安在两间屋的中间,可以同时照亮到两间屋。屋里,唯有那个大衣柜,是家里最抢眼的东西……

蹲在墙根的刘老汉,总是爱对来家的人们说,这不,老三又去山西给人家打石头去了!这个家,里里外外还是要靠老三媳妇撑着……她可是个好儿媳啊!就是刚来家时,也没跟我们拌过嘴……她孝顺得很,虽说工资低,但就是买块豆腐也要给我们一半……

当然,郜艳敏也有自己的愿望。

她说，我就是想什么时候再回河南老家一趟，一是祭奠我妈，二是把我爹接到家里来住上一段时间，尽一下自己的孝心，现在我爸的脑血栓后遗症恢复得还算不错，已经能够自己下地走几步了。

那天，新上任的教育局长专门到了下岸村，慰问郜艳敏，并告诉她，她的工资由每年2000元提高到每年3000元……

郜艳敏说，眼下，我正在准备报考函授中专，给自己充充电，将来可以更好地教孩子们……

她说，我还有一个愿望，就是要通过自己的努力，获得上级领导的认可，成为一名正式的老师，哪怕是合同制的也行……

那天，她拒绝了家乡河南许昌一所私立学校的盛情邀请，仍然继续留在下岸村。

有人说她傻。

郜艳敏说，如今，我唯一的、也是最大的心愿就是：不能再让下岸村的孩子们当文盲，不能再让他们重复辍学、放羊、买媳妇的命运……

她还说，下岸村曾经是我流眼泪最多、伤心最多的地方，但是我在这个地方，又找回了自己的希望……

下课了。教室门口，身材瘦小的郜艳敏被几个孩子缠住，在简易的操场上玩起了"编花篮"的游戏。她的一只腿

与孩子的腿勾搭在一起,大家一同拍着手,旋转着,蹦跳着,嘴里开心地喊着:

"编,编,编花篮,编个花篮上南山,南山开满了红牡丹,朵朵花儿开得艳……编,编,编花篮……"

这欢笑声,在大山里传得很远,很远……

附 记

本书主人公故事的素材,主要来自贵州电视台《中国农民工》栏目组编、贵州教育出版社2008年12月出版的三卷本《中国农民工口述实录》,以及其记者、编辑的采访资料。

此外,本书在编著、绘画中,亦参考了国内多家纸质、电视、网络媒体对一些人物的相关新闻报道。